Copyright © 2025, Beliza Minozzi

EDIÇÃO GERAL
Vinicius Oliveira

ASSISTENTE EDITORIAL
André Esteves

PROJETO GRÁFICO E DIAGRAMAÇÃO
Tatiane Sato

ILUSTRAÇÕES
Tatiane Sato

AQUISIÇÃO
Joice Feitoza

....

Catalogação na publicação
Elaborada por Bibliotecária Janaina Ramos – CRB-8/9166

....

M141d

    Macedo, Beliza Luizi Minozzi.
    Jardim Secreto: Diário de Oração / Beliza Luizi Minozzi Macedo.
    Santo André-SP: Samaria, 2025.
    416 p.; 16 X 23 cm
    ISBN 978-65-5245-045-6
    1. Educação cristã. I. Macedo, Beliza Luizi Minozzi. II. Título.

                                                                               CDD 268

....

Índice para catálogo sistemático
I. Educação Cristã

....

[2025] Todos os direitos desta edição reservados à:
Editora Samaria
Rua da Fonte, 275 - 09040-270 - Santo André, SP.

editorasamaria.com.br
lojadasamaria.com.br
facebook.com/editorasamaria
instagram.com/editorasamaria

Prefácio

Existem projetos que nos tocam pela estética. Outros, pelo conteúdo. Mas alguns nos tocam pela alma. Este é um deles.

Quando recebi o convite para escrever o prefácio deste diário, meu coração se encheu de gratidão e responsabilidade. Primeiro, porque a autora não é apenas uma amiga, é alguém que caminha comigo em fé, sonhos e lágrimas. Uma verdadeira irmã. Depois, porque o *Jardim Secreto* não é apenas um diário de oração. É um **chamado suave e profundo à intimidade com Deus.**

Cada página que você encontrará aqui carrega um convite silencioso: entre no jardim. Não o jardim do Éden, não o Getsêmani, nem mesmo o do túmulo vazio, ainda que todos estejam, de alguma forma, ecoando neste projeto. Mas o **jardim dentro de você**, onde Deus deseja habitar. Onde Ele fala baixinho, mas transforma profundamente.

Este diário é um espaço onde palavras viram sementes. Onde lágrimas podem regar esperanças. Onde perguntas sem resposta se assentam ao lado de uma fé inexplicável. Um lugar onde a jornada com Deus deixa marcas escritas, visíveis, memoráveis.

Conhecendo a autora, sei que cada detalhe foi sonhado, orado e regado com ternura. Há zelo em cada linha, há propósito em cada instrução, e há amor em cada vírgula. Nada aqui foi feito às pressas. Tudo foi cuidado como se cuida de um jardim: com paciência, beleza e fé no florescer.

Minha oração é que este diário se torne o seu espaço de encontro. Que, ao revisitá-lo com o passar dos dias e anos, você perceba não apenas suas orações respondidas, mas **a presença constante dAquele que nunca deixou de andar ao seu lado**, mesmo nos dias em que tudo parecia silêncio.

E se, em algum momento, você se perguntar: "Será que Deus ainda me vê?", volte ao *Jardim Secreto*. Escreva. Leia. Ore. E ali, você ouvirá: "Estou aqui. Sempre estive."

Introdução

Na história de Deus com a humanidade, percebemos que o jardim sempre foi muito mais do que um espaço físico. Ele é um símbolo profundo de encontro, intimidade, propósito e eternidade.

Foi em um jardim que tudo começou.

No Éden, o "lugar de deleite", plantado e preparado pelo próprio Deus, Adão e Eva desfrutavam de uma comunhão perfeita com o Senhor. Ali, onde Deus passeava ao entardecer, não havia pressa ou ruído. Havia apenas presença e um convite para cultivar e guardar.

Em outro jardim, chamado Getsêmani — que significa "prensa de azeite" — Jesus, o próprio Filho de Deus, pressionado emocional e espiritualmente, se curvou sob o peso da angústia. Ali, Ele orou com profundidade, entregando sua vulnerabilidade em total submissão ao Pai. O jardim foi testemunha do momento mais humano de Jesus, onde suas lágrimas regaram a semente da redenção.

E foi novamente em um jardim que se deu o desfecho da maior história de amor que o mundo já viu. Jesus havia morrido. Tudo parecia perdido. Mas foi no jardim do túmulo que Ele ressuscitou, declarando vitória sobre a morte, de uma vez por todas. Maria Madalena, sem saber, confundiu-o com um jardineiro — e talvez ela não estivesse tão errada.

Ele é o jardineiro que transforma desertos secos e sem vida em jardins floridos.

Mas a história não termina aí.

A Bíblia se encerra com um novo jardim — restaurado, eterno, perfeito —

simbolizado pela cidade eterna. Nele, novamente encontramos a árvore da vida, um rio de águas vivas que flui com abundância, e Deus habitando para sempre com os seus. É o Éden redimido — onde tudo volta a ser como no princípio, mas agora, para sempre.

....

De Gênesis a Apocalipse, o jardim é o cenário do amor que nunca desiste, e revela algo precioso: Deus deseja estar conosco.

Ele nos chama, todos os dias, ao lugar secreto de intimidade — e tudo que precisamos fazer é fechar a porta do nosso quarto e abrir a do nosso coração. Ali, no secreto,

Ele vê. Ele ouve. Ele cuida.

....

Este diário é a extensão desse convite!

Um espaço memorial para escrever e lembrar, cultivar e guardar, crescer e florescer.

Aqui, cada oração é uma semente.

E cada página, um pedacinho do *Jardim Secreto* entre **você** e **Deus.**

Como orar

Quer você tenha acabado de iniciar sua jornada de fé, ou seja cristã há muitos anos, provavelmente já teve perguntas sobre a oração ou já lutou com a dificuldade em manter uma vida de oração constante. **Então, vamos falar sobre isso?**

A oração é o lugar onde o **nosso coração se conecta ao Criador**. Através dela, nos derramamos, ouvimos, falamos, agradecemos, pedimos e nos rendemos, com a convicção de quem Deus é — e de quem somos nEle. Não existe uma fórmula mágica, mas há caminhos que nos ajudam a orar com mais profundidade e intencionalidade.

POR ISSO, AQUI VÃO ALGUMAS DICAS:

Reserve um local e horário:
A oração é uma expressão do coração. Portanto, ela pode acontecer em qualquer lugar e a qualquer momento. No entanto, ao reservar um tempo e lugar específicos, você abre espaço para manter sua mente e coração focados apenas em Deus.

Silencie as distrações:
Seja intencional em silenciar o máximo de distrações que puder. Desligue a TV. Coloque o celular no modo avião. Feche a porta. Dessa forma, você estará disponível para ouvir a única voz importante neste momento.

Tenha uma Bíblia por perto:
Muitas vezes, em seu momento de oração, o Senhor poderá soprar uma palavra que conecte exatamente com o seu momento. Outras vezes, será o inverso: **a Bíblia vai te inspirar a orar**, seja através de um salmo, quando faltarem palavras, ou a partir de um ensinamento que você precise da ajuda do Senhor para aplicar. Em todos os casos, **a Palavra é sempre a melhor companhia para um momento de oração.**

Escreva sua oração:
Ok, essa é uma dica suspeita, rs. Mas **escrever ajuda a organizar os pensamentos**, aumentar a concentração, acompanhar respostas e perceber o agir de Deus com mais clareza. E o *Jardim Secreto* foi pensado exatamente **para isso.**

Por último, seja gentil consigo mesma:
Talvez o seu dia ou a sua estação de vida não permita que você siga essas dicas sempre, e está tudo bem. Ainda que essa seja sua realidade, **quero te encorajar: seu tempo de oração não precisa ser perfeito.** O Senhor nos ouve mesmo quando falamos com Ele durante a madrugada com um recém-nascido, ao nos deitarmos para descansar após um turno de longas horas, ou cuidando da casa, sem silêncio ao redor. **Respire fundo e acredite:**

Jesus não espera perfeição. Ele espera por você.

E se não souber exatamente por onde começar, fique tranquila. O próprio Jesus nos ensinou como orar por meio do **Pai Nosso** — uma oração simples, mas profundamente completa. Essa oração, que pode ser recitada palavra por palavra e que é memorizada por muitas de nós, também pode servir como um guia para uma conversa sincera e íntima com Deus.

UMA FORMA PRÁTICA DE LEMBRAR OS ELEMENTOS CONTIDOS NESSA ORAÇÃO É O ACRÔNIMO ACAS:

 A Adoração

Embora a Oração do Pai Nosso não apresente esses elementos exatamente nessa ordem, ela contém cada um deles. E começa com adoração:

"Pai nosso, que estás nos céus, santificado seja o teu nome."

Começamos reconhecendo quem Deus é: santo, bondoso, fiel, soberano... E O adorando por Seus atributos, mais do que por aquilo que Ele pode fazer.

Em seu tempo de oração, isso pode se manifestar de diferentes formas: louvar a Deus por sua bondade e misericórdia, agradecer por quem Ele é, ou até mesmo apenas dizer: "Eu Te amo!"

A adoração pode ser expressa de várias maneiras, mas uma coisa nunca muda: Deus é o centro.

 ### Confissão
"Perdoa as nossas dívidas, assim como perdoamos aos nossos devedores."

À medida que louvamos a Deus por quem Ele é, somos lembradas de quem nós somos — e isso inclui nossos pecados e falhas. Por desejarmos viver em comunhão e intimidade com Deus, em arrependimento sincero, confessamos nossos pecados a Ele, certas de que Ele nos ouve e perdoa (1 João 1:9).

Esse momento também nos convida a liberar perdão aos outros. Afinal, corações perdoados aprendem a perdoar.

 ### Agradecimento
"Pois teu é o Reino, o poder e a glória para sempre."

A oração também é um lugar de gratidão — por quem Deus é, pelo que Ele tem feito, pelo que ainda vai fazer. Agradeça pelas bênçãos visíveis e pelas invisíveis. Pelo sustento, pela salvação, pelo consolo, pelas respostas (inclusive as que você ainda não entende). Tudo isso é fruto da bondade do nosso Pai.

 ### Súplica

Súplica é o clamor do coração que reconhece sua total dependência de Deus. Significa pedir com sinceridade, humildade, fé e intensidade.

Na oração que Jesus ensinou, há sete diferentes súplicas — por provisão, perdão, direção, livramento, pela vontade de Deus, pelo Reino e pela santidade do nome dEle. Leve a Deus suas necessidades, seus sonhos, suas dores, seus pedidos por você e suas intercessões por outros.

Mas sempre lembrando: que a oração não é uma lista de desejos; é um ato de fé.

A sua oração não precisa ser longa ou perfeita. Ela só precisa ser **verdadeira**.

Cada palavra dita ou pensada, cada linha escrita, cada lágrima silenciosa — **tudo isso é oração.**

Que você encontre, neste jardim, um espaço seguro para ser você mesma.

E que, dia após dia, a oração se torne o lugar onde seu coração floresce em Deus.

Como usar esse Diário

E é com tudo isso em mente que chegamos ao *Jardim Secreto*, um diário projetado para registrar, cultivar e guardar suas orações diariamente. Ao longo dos próximos três anos, esse diário se tornará um registro ativo do mover de Deus na sua vida, pois ao anotar suas orações em uma página específica para cada dia do ano, você poderá reler as orações que fez em anos anteriores e será capaz de ver orações respondidas, desejos do seu coração que foram moldados, e a fidelidade de Deus em toda a sua jornada.

Mesmo que você ainda não tenha o hábito de escrever suas orações, este diário é para você. Com um espaço dedicado e objetivo de apenas algumas linhas por dia, você poderá registrar suas orações através de um parágrafo, em tópicos, ou até mesmo escrevendo trechos bíblicos que estão acompanhando seu momento devocional — ou alternar entre esses, pois aqui não existe uma regra. É um espaço para que você encontre o seu ritmo de devoção.

Para as que já têm esse hábito de escrever, aqui você encontrará brevidade e a alegria de encontrar facilmente algo que seu coração busca, em meio a tantos cadernos que imagino que você já esteja colecionando. Esse espaço não é para limitar sua oração, mas sim para ajudá-la a documentar sua jornada com Deus, e perceber como ela muda ao longo do tempo.

NO *JARDIM SECRETO*, VOCÊ ENCONTRARÁ ALGUNS RECURSOS ESPECIAIS:

Primeira oração no jardim
Um espaço para que você escreva sua primeira oração, registrando a sua intenção para esse novo tempo devocional em que este diário irá te acompanhar;

Prayer Boards — quadros de oração
Espaços para você demonstrar visualmente — seja através de escrita, desenho, colagens, ou mapas mentais — motivos pelos quais você pretende orar durante o ano. Como você pode começar a qualquer dia do ano, deixamos quatro *Prayer Boards* para você preencher no *Jardim Secreto* (um para cada ano que ele te acompanhar);

Páginas diárias
366 páginas, uma para cada dia do ano, com espaços para registrar suas orações ao longo de três anos corridos, independentemente do dia em que você escolher

Memory Boards
quadros de memória

Espaços dedicados para relembrar orações respondidas, pessoas importantes e observar o agir de Deus ao longo de cada ano, expressando sua gratidão;

Oração final

Um espaço para orar em gratidão a Deus por todas as orações e experiências vividas com Ele durante os três anos do diário. Mas sempre lembrando que esse não é o fim, e você sempre pode continuar em um novo *Jardim Secreto*.

 E COMO COMEÇAR?

Após escrever sua **"primeira oração no jardim"**, vire até a página do dia de hoje e comece. Simples assim.

Você não precisa esperar o dia 1º de janeiro ou alguma data especial. Você também não precisa registrar apenas aquilo que é bonito, ou "orações felizes". Esse diário é para derramar o seu coração — e qualquer um dos nossos sentimentos pode se transformar em uma oração.

Se você esquecer de escrever por um dia, recomendo seguir para o próximo. Mas, como já disse anteriormente, não há regras. Você pode voltar e registrar um dia perdido, mas não recomendo retornar mais do que alguns dias. Não deixe que este diário se torne uma tarefa pesada ou algo para "dar check". Não há problema em pular um dia. Em Deus, sempre há espaço para recomeçar.

No mais, espere viver algo novo e grande em Deus. **Em três anos, haverá algo próximo de 1.095 orações escritas aqui.**

Minha oração é que Deus se revele a você dia após dia, e que ao usar este diário, você tenha ainda mais convicção da presença dEle e do Seu caráter por meio da oração. Que você O ame cada vez mais, e que, pouco a pouco, você encontre a alegria de cultivar uma vida de oração diária, enxergando a **bondade** e a **fidelidade** do Senhor, que nos seguem TODOS os dias.

Com amor e gratidão,

Beliza Minozzi

"Sei que a bondade e a fidelidade me acompanharão todos os dias da minha vida, e voltarei à casa do Senhor enquanto eu viver."
SALMOS 23:6

Primeira Oração no jardim

Prayer board

20_____

Prayer board

20_____

Prayer board

20_____

Prayer board

20_____

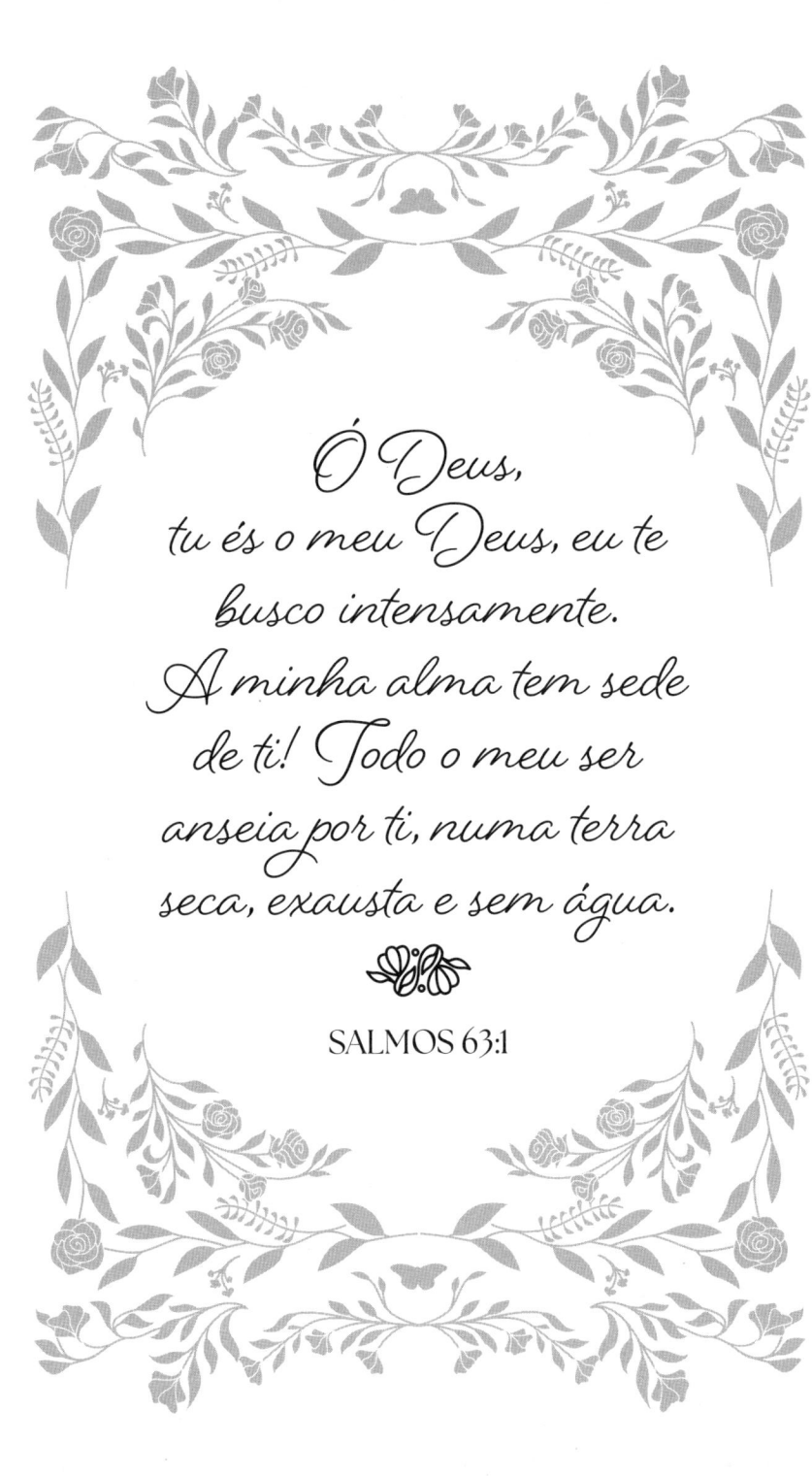

Ó Deus,
tu és o meu Deus, eu te
busco intensamente.
A minha alma tem sede
de ti! Todo o meu ser
anseia por ti, numa terra
seca, exausta e sem água.

SALMOS 63:1

1
Janeiro

🔑 20 _____ 🔑

....
....
....
....
....
....
....
....

🔑 20 _____ 🔑

....
....
....
....
....
....
....
....

🔑 20 _____ 🔑

....
....
....
....
....
....
....
....

2 Janeiro

20 ___

20 ___

20 ___

3 Janeiro

20 _____

....
....
....
....
....
....
....
....

20 _____

....
....
....
....
....
....
....
....

20 _____

....
....
....
....
....
....
....
....

4 Janeiro

20 _____

....
....
....
....
....
....
....
....

20 _____

....
....
....
....
....
....
....
....

20 _____

....
....
....
....
....
....
....
....

5
Janeiro

🌹 20 _____ 🌹

....
....
....
....
....
....
....
....

🌹 20 _____ 🌹

....
....
....
....
....
....
....
....

🌹 20 _____ 🌹

....
....
....
....
....
....
....
....

6 Janeiro

20 _____

....
....
....
....
....
....
....
....

20 _____

....
....
....
....
....
....
....
....

20 _____

....
....
....
....
....
....
....
....

7 Janeiro

20 _____
....
....
....
....
....
....
....

20 _____
....
....
....
....
....
....
....

20 _____
....
....
....
....
....
....
....

8 Janeiro

20 ____

20 ____

20 ____

9
Janeiro

🌹 20 _____ 🌹

....
....
....
....
....
....
....
....

🌹 20 _____ 🌹

....
....
....
....
....
....
....
....

🌹 20 _____ 🌹

....
....
....
....
....
....
....
....

10 Janeiro

20 _____

....
....
....
....
....
....
....
....

20 _____

....
....
....
....
....
....
....
....

20 _____

....
....
....
....
....
....
....
....

11 Janeiro

20 _____

....
....
....
....
....
....
....

20 _____

....
....
....
....
....
....
....

20 _____

....
....
....
....
....
....
....

12 Janeiro

20 _____

13 Janeiro

20 _____

....
....
....
....
....
....
....
....

20 _____

....
....
....
....
....
....
....
....

20 _____

....
....
....
....
....
....
....
....

14
Janeiro

20 _____

20 _____

20 _____

15 Janeiro

20 _____

....
....
....
....
....
....
....

20 _____

....
....
....
....
....
....
....

20 _____

....
....
....
....
....
....
....

16
Janeiro

20 _____

20 _____

20 _____

17 Janeiro

20 _____

....
....
....
....
....
....
....
....

20 _____

....
....
....
....
....
....
....
....

20 _____

....
....
....
....
....
....
....
....

18 Janeiro

20 _____

....
....
....
....
....
....
....
....

20 _____

....
....
....
....
....
....
....
....

20 _____

....
....
....
....
....
....
....
....

19 Janeiro

20 _____

....
....
....
....
....
....
....
....

20 _____

....
....
....
....
....
....
....
....

20 _____

....
....
....
....
....
....
....
....

20 Janeiro

20 _____

20 _____

20 _____

21 Janeiro

20 _____
....
....
....
....
....
....
....
....

20 _____
....
....
....
....
....
....
....
....

20 _____
....
....
....
....
....
....
....
....

22 Janeiro

20 _____

....
....
....
....
....
....
....
....

20 _____

....
....
....
....
....
....
....
....

20 _____

....
....
....
....
....
....
....
....

23 Janeiro

20 _____

....
....
....
....
....
....
....
....

20 _____

....
....
....
....
....
....
....
....

20 _____

....
....
....
....
....
....
....
....

24 Janeiro

20 _____

....
....
....
....
....
....
....
....

20 _____

....
....
....
....
....
....
....
....

20 _____

....
....
....
....
....
....
....
....

25 Janeiro

20 ____

....
....
....
....
....
....
....

20 ____

....
....
....
....
....
....
....

20 ____

....
....
....
....
....
....
....

26 Janeiro

20 _____

20 _____

20 _____

27 Janeiro

20 _____

....
....
....
....
....
....
....
....

20 _____

....
....
....
....
....
....
....
....

20 _____

....
....
....
....
....
....
....
....

28 Janeiro

20 _____

....
....
....
....
....
....
....
....

20 _____

....
....
....
....
....
....
....
....

20 _____

....
....
....
....
....
....
....
....

29 Janeiro

20 _____

20 _____

20 _____

30 Janeiro

20 _____

....
....
....
....
....
....
....
....
....

20 _____

....
....
....
....
....
....
....
....
....

20 _____

....
....
....
....
....
....
....
....
....

31 Janeiro

20 _____

....
....
....
....
....
....
....
....

20 _____

....
....
....
....
....
....
....
....

20 _____

....
....
....
....
....
....
....
....

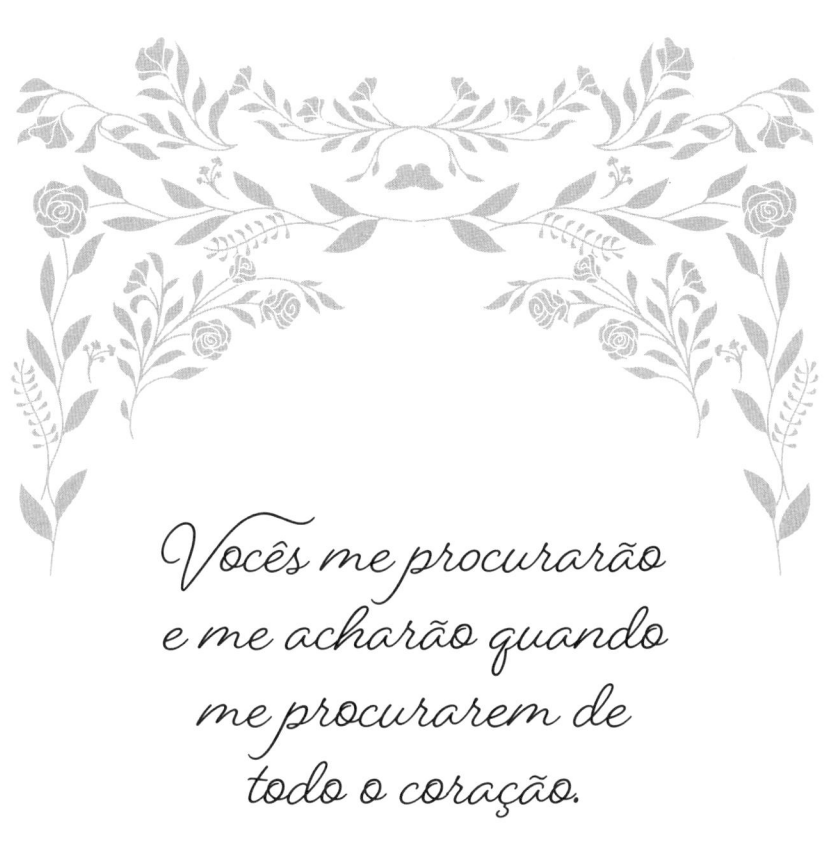

Vocês me procurarão e me acharão quando me procurarem de todo o coração.

JEREMIAS 29:13

Fevereiro

1 Fevereiro

20 _____

20 _____

20 _____

2 Fevereiro

20 _____

20 _____

20 _____

3 Fevereiro

20 _____

....
....
....
....
....
....
....
....

20 _____

....
....
....
....
....
....
....
....

20 _____

....
....
....
....
....
....
....
....

4
Fevereiro

20 _____

....
....
....
....
....
....
....
....

20 _____

....
....
....
....
....
....
....
....

20 _____

....
....
....
....
....
....
....
....

5
Fevereiro

20 _____

20 _____

20 _____

6 Fevereiro

20 _____

20 _____

20 _____

7 Fevereiro

20 _____

20 _____

20 _____

8 Fevereiro

20 _____

....
....
....
....
....
....
....
....

20 _____

....
....
....
....
....
....
....
....

20 _____

....
....
....
....
....
....
....
....

9
Fevereiro

20 _____

20 _____

20 _____

10 Fevereiro

20 _____

11
Fevereiro

20

12 Fevereiro

20 _____

20 _____

20 _____

13 Fevereiro

20 _____

....
....
....
....
....
....
....
....

20 _____

....
....
....
....
....
....
....
....

20 _____

....
....
....
....
....
....
....
....

14 Fevereiro

20 _____

20 _____

20 _____

15 Fevereiro

20 _____

20 _____

20 _____

16
Fevereiro

20 _____

....
....
....
....
....
....
....
....

20 _____

....
....
....
....
....
....
....
....

20 _____

....
....
....
....
....
....
....
....

// # 17
Fevereiro

20 _____

....
....
....
....
....
....
....
....

20 _____

....
....
....
....
....
....
....
....

20 _____

....
....
....
....
....
....
....
....

18 Fevereiro

20 _____

....
....
....
....
....
....
....
....

20 _____

....
....
....
....
....
....
....
....

20 _____

....
....
....
....
....
....
....
....

19 Fevereiro

20 _____

20 _____

20 _____

20 Fevereiro

20 _____
....
....
....
....
....
....
....
....

20 _____
....
....
....
....
....
....
....
....

20 _____
....
....
....
....
....
....
....
....

21 Fevereiro

20 ____

20 ____

20 ____

22 Fevereiro

20 _____

20 _____

20 _____

23 Fevereiro

20 _____

20 _____

20 _____

24 Fevereiro

20 _____

20 _____

20 _____

25 Fevereiro

20 _____

....
....
....
....
....
....
....
....

20 _____

....
....
....
....
....
....
....
....

20 _____

....
....
....
....
....
....
....
....

26 Fevereiro

20 _____

....
....
....
....
....
....
....
....

20 _____

....
....
....
....
....
....
....
....

20 _____

....
....
....
....
....
....
....
....

27 Fevereiro

20 _____

20 _____

20 _____

28
Fevereiro

20 _____

20 _____

20 _____

Março

1 Março

20 _____

....
....
....
....
....
....
....
....

20 _____

....
....
....
....
....
....
....
....

20 _____

....
....
....
....
....
....
....
....

2 Março

20 _____

....
....
....
....
....
....
....
....

20 _____

....
....
....
....
....
....
....
....

20 _____

....
....
....
....
....
....
....
....

3 Março

20 _____
....
....
....
....
....
....
....

20 _____
....
....
....
....
....
....
....

20 _____
....
....
....
....
....
....
....

4 Março

20 _____

....
....
....
....
....
....
....
....

20 _____

....
....
....
....
....
....
....
....

20 _____

....
....
....
....
....
....
....
....

5 Março

20 _____

....
....
....
....
....
....
....
....

20 _____

....
....
....
....
....
....
....
....

20 _____

....
....
....
....
....
....
....
....

ize
6
Março

20

20

20

7 Março

20 _____

....
....
....
....
....
....
....
....

20 _____

....
....
....
....
....
....
....
....

20 _____

....
....
....
....
....
....
....
....

8 Março

20 ____

20 ____

20 ____

9 Março

20 _____

20 _____

20 _____

10 Março

20 ____

20 ____

20 ____

11 Março

20 _____

....
....
....
....
....
....
....

20 _____

....
....
....
....
....
....
....

20 _____

....
....
....
....
....
....
....

12 Março

20 ____

20 ____

20 ____

13 Março

20 _____

20 _____

20 _____

14 Março

20 _____

20 _____

20 _____

15 Março

20 _____

....
....
....
....
....
....
....

20 _____

....
....
....
....
....
....
....

20 _____

....
....
....
....
....
....
....

16 Março

20 _____

....
....
....
....
....
....
....
....

20 _____

....
....
....
....
....
....
....
....

20 _____

....
....
....
....
....
....
....
....

17 Março

20 _____

....
....
....
....
....
....
....
....

20 _____

....
....
....
....
....
....
....
....

20 _____

....
....
....
....
....
....
....
....

ial
18 Março

20 _____

20 _____

20 _____

19 Março

20 _____

....
....
....
....
....
....
....
....

20 _____

....
....
....
....
....
....
....
....

20 _____

....
....
....
....
....
....
....
....

20 Março

20 _____

....
....
....
....
....
....
....
....

20 _____

....
....
....
....
....
....
....
....

20 _____

....
....
....
....
....
....
....
....

21 Março

20 _____

....
....
....
....
....
....
....
....

20 _____

....
....
....
....
....
....
....
....

20 _____

....
....
....
....
....
....
....
....

22 Março

20 _____

23 Março

20 _____

20 _____

20 _____

24 Março

20 _____

....
....
....
....
....
....
....
....

20 _____

....
....
....
....
....
....
....
....

20 _____

....
....
....
....
....
....
....
....

25 Março

20 ____

20 ____

20 ____

// 26
Março

20 _____

....
....
....
....
....
....
....
....

20 _____

....
....
....
....
....
....
....
....

20 _____

....
....
....
....
....
....
....
....

27 Março

20 _____

....
....
....
....
....
....
....
....

20 _____

....
....
....
....
....
....
....
....

20 _____

....
....
....
....
....
....
....
....

# 28 Março

20 _____

20 _____

20 _____

29 Março

20 ____

....
....
....
....
....
....
....
....

20 ____

....
....
....
....
....
....
....
....

20 ____

....
....
....
....
....
....
....
....

30 Março

20 _____

20 _____

20 _____

31 Março

20 ____

20 ____

20 ____

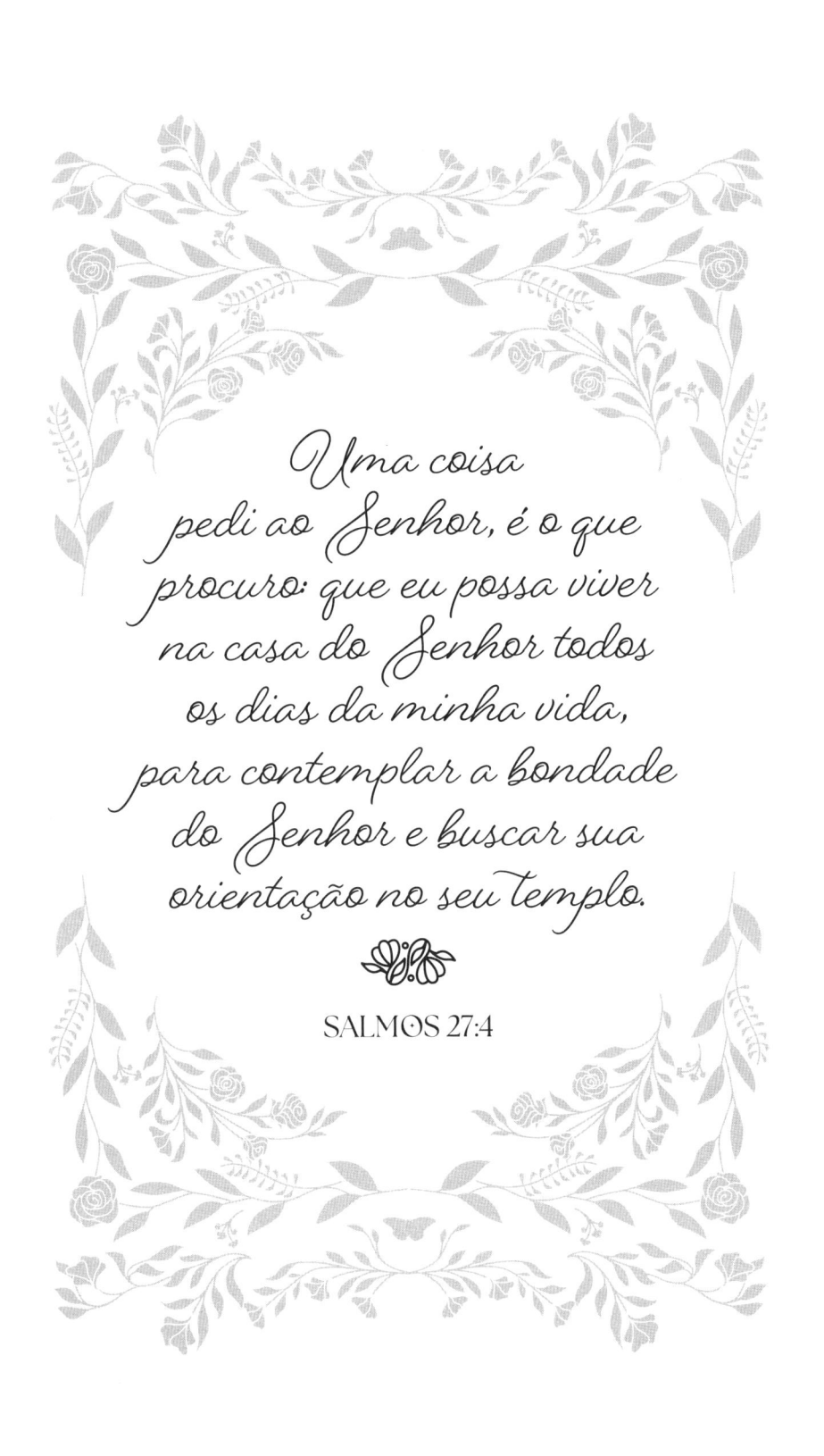

Uma coisa pedi ao Senhor, é o que procuro: que eu possa viver na casa do Senhor todos os dias da minha vida, para contemplar a bondade do Senhor e buscar sua orientação no seu templo.

SALMOS 27:4

Abril

1 Abril

20 ____

20 ____

20 ____

2 Abril

20 _____

20 _____

20 _____

3 Abril

20 _____

....
....
....
....
....
....
....
....

20 _____

....
....
....
....
....
....
....
....

20 _____

....
....
....
....
....
....
....
....

4 Abril

20 _____

20 _____

20 _____

ial
5
Abril

20 _____

....
....
....
....
....
....
....
....

20 _____

....
....
....
....
....
....
....
....

20 _____

....
....
....
....
....
....
....
....

6 Abril

20 _____

....
....
....
....
....
....
....
....

20 _____

....
....
....
....
....
....
....
....

20 _____

....
....
....
....
....
....
....
....

7 Abril

20 _____

....
....
....
....
....
....
....
....

20 _____

....
....
....
....
....
....
....
....

20 _____

....
....
....
....
....
....
....
....

8 Abril

20 _____

20 _____

20 _____

9 Abril

20 _____

20 _____

20 _____

10 Abril

20 _____

....
....
....
....
....
....
....

20 _____

....
....
....
....
....
....
....

20 _____

....
....
....
....
....
....
....

11 Abril

20 _____

....
....
....
....
....
....
....
....

20 _____

....
....
....
....
....
....
....
....

20 _____

....
....
....
....
....
....
....
....

12 Abril

20 _____

20 _____

20 _____

13 Abril

20 ____

....
....
....
....
....
....
....
....

20 ____

....
....
....
....
....
....
....
....

20 ____

....
....
....
....
....
....
....
....

14 Abril

20 _____

………………………………………………………………………………
………………………………………………………………………………
………………………………………………………………………………
………………………………………………………………………………
………………………………………………………………………………
………………………………………………………………………………
………………………………………………………………………………
………………………………………………………………………………

20 _____

………………………………………………………………………………
………………………………………………………………………………
………………………………………………………………………………
………………………………………………………………………………
………………………………………………………………………………
………………………………………………………………………………
………………………………………………………………………………
………………………………………………………………………………

20 _____

………………………………………………………………………………
………………………………………………………………………………
………………………………………………………………………………
………………………………………………………………………………
………………………………………………………………………………
………………………………………………………………………………
………………………………………………………………………………
………………………………………………………………………………

15 Abril

20 _____

16 Abril

20 _____

....
....
....
....
....
....
....
....

20 _____

....
....
....
....
....
....
....
....

20 _____

....
....
....
....
....
....
....
....

17 Abril

20 _____

....
....
....
....
....
....
....
....

20 _____

....
....
....
....
....
....
....
....

20 _____

....
....
....
....
....
....
....
....

18 Abril

20 _____

....
....
....
....
....
....
....
....

20 _____

....
....
....
....
....
....
....
....

20 _____

....
....
....
....
....
....
....
....

19 Abril

20 _____

....
....
....
....
....
....
....
....

20 _____

....
....
....
....
....
....
....
....

20 _____

....
....
....
....
....
....
....
....

20 Abril

20 _____

....
....
....
....
....
....
....
....

20 _____

....
....
....
....
....
....
....
....

20 _____

....
....
....
....
....
....
....
....

21 Abril

20 _____

....
....
....
....
....
....
....
....

20 _____

....
....
....
....
....
....
....
....

20 _____

....
....
....
....
....
....
....
....

22 Abril

20 _____

20 _____

20 _____

23 Abril

20 _____

....
....
....
....
....
....
....

20 _____

....
....
....
....
....
....
....

20 _____

....
....
....
....
....
....
....

24 Abril

20 _____

....
....
....
....
....
....
....
....

20 _____

....
....
....
....
....
....
....
....

20 _____

....
....
....
....
....
....
....
....

25 Abril

20 _____

20 _____

20 _____

26 Abril

20 ____

....
....
....
....
....
....
....
....

20 ____

....
....
....
....
....
....
....
....

20 ____

....
....
....
....
....
....
....
....

27 Abril

20 _____

28 Abril

20 _____

....
....
....
....
....
....
....
....

20 _____

....
....
....
....
....
....
....
....

20 _____

....
....
....
....
....
....
....
....

29 Abril

20 _____
....
....
....
....
....
....
....
....
....

20 _____
....
....
....
....
....
....
....
....
....

20 _____
....
....
....
....
....
....
....
....
....

30 Abril

20 _____

....
....
....
....
....
....
....
....

20 _____

....
....
....
....
....
....
....
....

20 _____

....
....
....
....
....
....
....
....

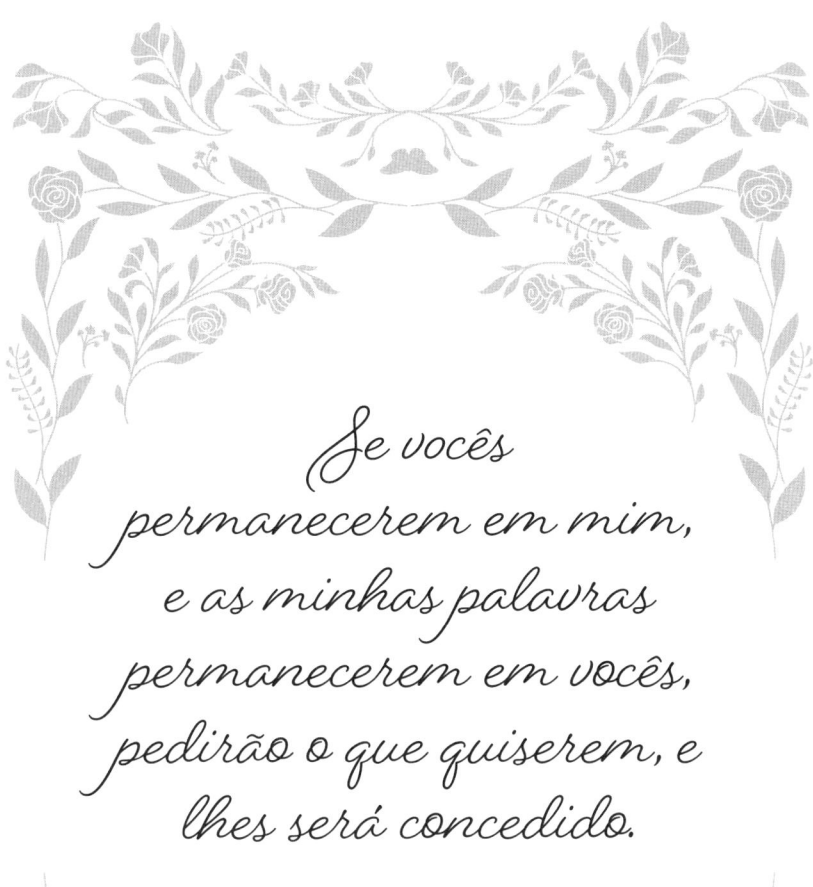

Se vocês permanecerem em mim, e as minhas palavras permanecerem em vocês, pedirão o que quiserem, e lhes será concedido.

JOÃO 15:7

Maio

1 Maio

20

20

20

2 Maio

20 _____

3 Maio

20 _____

4 Maio

20 ____

20 ____

20 ____

5 Maio

20

20

20

6 Maio

20 _____

20 _____

20 _____

7 Maio

20 _____

8 Maio

20 _____
....
....
....
....
....
....
....
....

20 _____
....
....
....
....
....
....
....
....

20 _____
....
....
....
....
....
....
....
....

9 Maio

20

20

20

10 Maio

20 _____

20 _____

20 _____

11
Maio

20 _____

20 _____

20 _____

12 Maio

20 _____

20 _____

20 _____

13 Maio

20

20

20

14 Maio

20 _____

15 Maio

20 _____

....
....
....
....
....
....
....
....

20 _____

....
....
....
....
....
....
....
....

20 _____

....
....
....
....
....
....
....
....

16 Maio

20 _____

20 _____

20 _____

17 Maio

20 _____

....
....
....
....
....
....
....
....

20 _____

....
....
....
....
....
....
....
....

20 _____

....
....
....
....
....
....
....
....

18 Maio

20 _____

20 _____

20 _____

19 Maio

20 _____

20 Maio

20 _____

21 Maio

20 _____

20 _____

20 _____

22 Maio

20 _____

20 _____

20 _____

23 Maio

20 _____

20 _____

20 _____

24 Maio

20 ____

20 ____

20 ____

25 Maio

20 _____

....
....
....
....
....
....
....
....

20 _____

....
....
....
....
....
....
....
....

20 _____

....
....
....
....
....
....
....
....

26 Maio

20 _____

....
....
....
....
....
....
....

20 _____

....
....
....
....
....
....
....

20 _____

....
....
....
....
....
....
....

27 Maio

20 _____

20 _____

20 _____

28 Maio

20 _____

....
....
....
....
....
....
....
....

20 _____

....
....
....
....
....
....
....
....

20 _____

....
....
....
....
....
....
....
....

29 Maio

20 _____

20 _____

20 _____

30 Maio

20 _____

20 _____

20 _____

31 Maio

20 _____

20 _____

20 _____

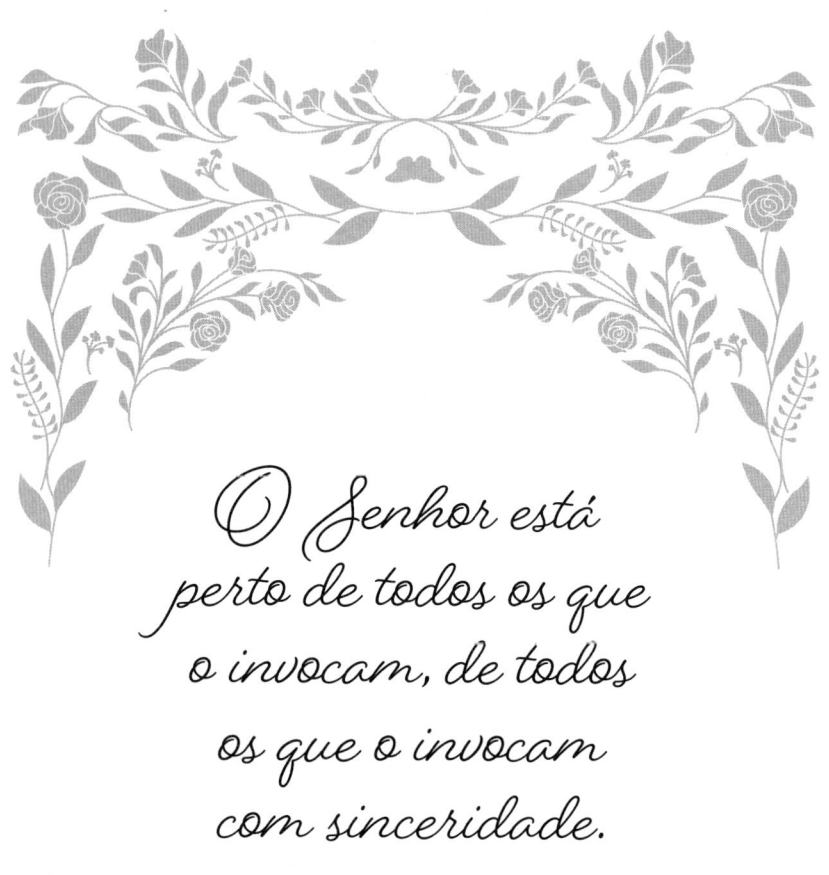

O Senhor está perto de todos os que o invocam, de todos os que o invocam com sinceridade.

SALMOS 145:18

Junho

1 Junho

20 _____

....
....
....
....
....
....
....
....

20 _____

....
....
....
....
....
....
....
....

20 _____

....
....
....
....
....
....
....
....

2
Junho

20 _____

20 _____

20 _____

3 Junho

20 ____

20 ____

20 ____

4
Junho

🌼— 20 ———🌼

....
....
....
....
....
....
....
....

🌼— 20 ———🌼

....
....
....
....
....
....
....
....

🌼— 20 ———🌼

....
....
....
....
....
....
....
....

5
Junho

20 _____

....
....
....
....
....
....
....
....

20 _____

....
....
....
....
....
....
....
....

20 _____

....
....
....
....
....
....
....
....

// # 6
Junho

20 _____

20 _____

20 _____

7 Junho

20 _____
....
....
....
....
....
....
....
....

20 _____
....
....
....
....
....
....
....
....

20 _____
....
....
....
....
....
....
....
....

8 Junho

20 _____

20 _____

20 _____

9 Junho

20 _____

20 _____

20 _____

10 Junho

20 _____

20 _____

20 _____

11
Junho

— 20 ———

— 20 ———

— 20 ———

12 Junho

20 _____

....
....
....
....
....
....
....
....

20 _____

....
....
....
....
....
....
....
....

20 _____

....
....
....
....
....
....
....
....

13 Junho

20 _____

20 _____

20 _____

ated
14
Junho

20 _____

....
....
....
....
....
....
....

20 _____

....
....
....
....
....
....
....

20 _____

....
....
....
....
....
....
....

15 Junho

20 _____

....
....
....
....
....
....
....
....

20 _____

....
....
....
....
....
....
....
....

20 _____

....
....
....
....
....
....
....
....

16 Junho

20 _____

....
....
....
....
....
....
....
....

20 _____

....
....
....
....
....
....
....
....

20 _____

....
....
....
....
....
....
....
....

17 Junho

20 _____

....
....
....
....
....
....
....
....

20 _____

....
....
....
....
....
....
....
....

20 _____

....
....
....
....
....
....
....
....

18 Junho

20 _____

....
....
....
....
....
....
....
....

20 _____

....
....
....
....
....
....
....
....

20 _____

....
....
....
....
....
....
....
....

19 Junho

20 _____

20 Junho

20 ____

20 ____

20 ____

21 Junho

20 _____

....
....
....
....
....
....
....
....

20 _____

....
....
....
....
....
....
....
....

20 _____

....
....
....
....
....
....
....
....

22 Junho

20 _____

....
....
....
....
....
....
....
....

20 _____

....
....
....
....
....
....
....
....

20 _____

....
....
....
....
....
....
....
....

23 Junho

20 _____

....
....
....
....
....
....
....
....

20 _____

....
....
....
....
....
....
....
....

20 _____

....
....
....
....
....
....
....
....

24 Junho

20 _____

20 _____

20 _____

25 Junho

20 _____

20 _____

20 _____

26 Junho

20 _____

20 _____

20 _____

27 Junho

20 _____

20 _____

20 _____

28 Junho

20 ____

....
....
....
....
....
....
....
....

20 ____

....
....
....
....
....
....
....
....

20 ____

....
....
....
....
....
....
....
....

29 Junho

20 _____

20 _____

20 _____

30 Junho

20 _____

20 _____

20 _____

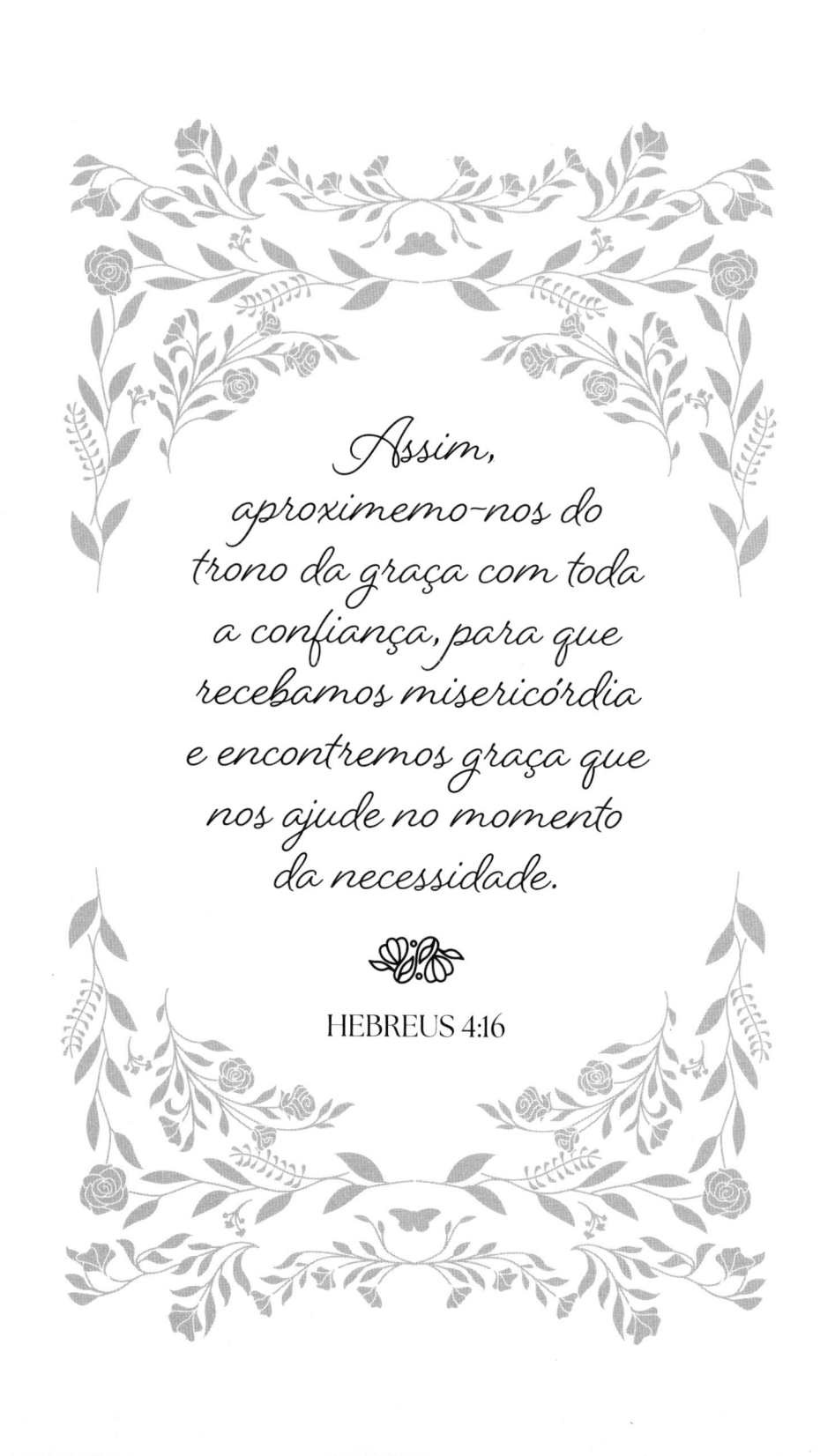

Assim, aproximemo-nos do trono da graça com toda a confiança, para que recebamos misericórdia e encontremos graça que nos ajude no momento da necessidade.

HEBREUS 4:16

Julho

1 Julho

20 _____

....
....
....
....
....
....
....
....

20 _____

....
....
....
....
....
....
....
....

20 _____

....
....
....
....
....
....
....
....

2 Julho

20 _____
....
....
....
....
....
....
....
....

20 _____
....
....
....
....
....
....
....
....

20 _____
....
....
....
....
....
....
....
....

3 Julho

20 _____

....
....
....
....
....
....
....
....

20 _____

....
....
....
....
....
....
....
....

20 _____

....
....
....
....
....
....
....
....

4 Julho

20 _____

....
....
....
....
....
....
....
....

20 _____

....
....
....
....
....
....
....
....

20 _____

....
....
....
....
....
....
....
....

ated
5
Julho

🌹— 20 ————🌹

....
....
....
....
....
....
....
....

🌹— 20 ————🌹

....
....
....
....
....
....
....
....

🌹— 20 ————🌹

....
....
....
....
....
....
....
....

6 Julho

20 _____

....
....
....
....
....
....
....
....

20 _____

....
....
....
....
....
....
....
....

20 _____

....
....
....
....
....
....
....
....

7 Julho

20 _____

....
....
....
....
....
....
....
....

20 _____

....
....
....
....
....
....
....
....

20 _____

....
....
....
....
....
....
....
....

8 Julho

20 _____

....
....
....
....
....
....
....
....

20 _____

....
....
....
....
....
....
....
....

20 _____

....
....
....
....
....
....
....
....

9 Julho

20 _____

....
....
....
....
....
....
....

20 _____

....
....
....
....
....
....
....

20 _____

....
....
....
....
....
....
....

10 Julho

20 _____

....
....
....
....
....
....
....
....

20 _____

....
....
....
....
....
....
....
....

20 _____

....
....
....
....
....
....
....
....

11 Julho

20 _____

20 _____

20 _____

12 Julho

20 _____

....
....
....
....
....
....
....
....

20 _____

....
....
....
....
....
....
....
....

20 _____

....
....
....
....
....
....
....
....

13 Julho

20 _____

20 _____

20 _____

14
Julho

20 _____

....
....
....
....
....
....
....

20 _____

....
....
....
....
....
....
....

20 _____

....
....
....
....
....
....
....

15 Julho

20 ____

20 ____

20 ____

16 Julho

20 _____

....
....
....
....
....
....
....
....

20 _____

....
....
....
....
....
....
....
....

20 _____

....
....
....
....
....
....
....
....

17 Julho

20 _____

....
....
....
....
....
....
....
....

20 _____

....
....
....
....
....
....
....
....

20 _____

....
....
....
....
....
....
....
....

18 Julho

20 _____

....
....
....
....
....
....
....
....

20 _____

....
....
....
....
....
....
....
....

20 _____

....
....
....
....
....
....
....
....

19 Julho

20 _____

....
....
....
....
....
....
....
....

20 _____

....
....
....
....
....
....
....
....

20 _____

....
....
....
....
....
....
....
....

20 Julho

20 _____

....
....
....
....
....
....
....
....

20 _____

....
....
....
....
....
....
....
....

20 _____

....
....
....
....
....
....
....
....

21 Julho

20 _____

....
....
....
....
....
....
....

20 _____

....
....
....
....
....
....
....

20 _____

....
....
....
....
....
....
....

22 Julho

20 _____

20 _____

20 _____

23 Julho

20 _____

....
....
....
....
....
....
....
....

20 _____

....
....
....
....
....
....
....
....

20 _____

....
....
....
....
....
....
....
....

24 Julho

20 _____

20 _____

20 _____

25
Julho

20 ____

....
....
....
....
....
....
....
....

20 ____

....
....
....
....
....
....
....
....

20 ____

....
....
....
....
....
....
....
....

26 Julho

20 _____

....
....
....
....
....
....
....
....

20 _____

....
....
....
....
....
....
....
....

20 _____

....
....
....
....
....
....
....
....

27 Julho

20 _____

20 _____

20 _____

28 Julho

🌹— 20 _____ —🌹

....
....
....
....
....
....
....
....

🌹— 20 _____ —🌹

....
....
....
....
....
....
....
....

🌹— 20 _____ —🌹

....
....
....
....
....
....
....
....

29 Julho

20 _____

20 _____

20 _____

30 Julho

20 _____

....
....
....
....
....
....
....
....

20 _____

....
....
....
....
....
....
....
....

20 _____

....
....
....
....
....
....
....
....

31 Julho

20 _____

....
....
....
....
....
....
....
....

20 _____

....
....
....
....
....
....
....
....

20 _____

....
....
....
....
....
....
....
....

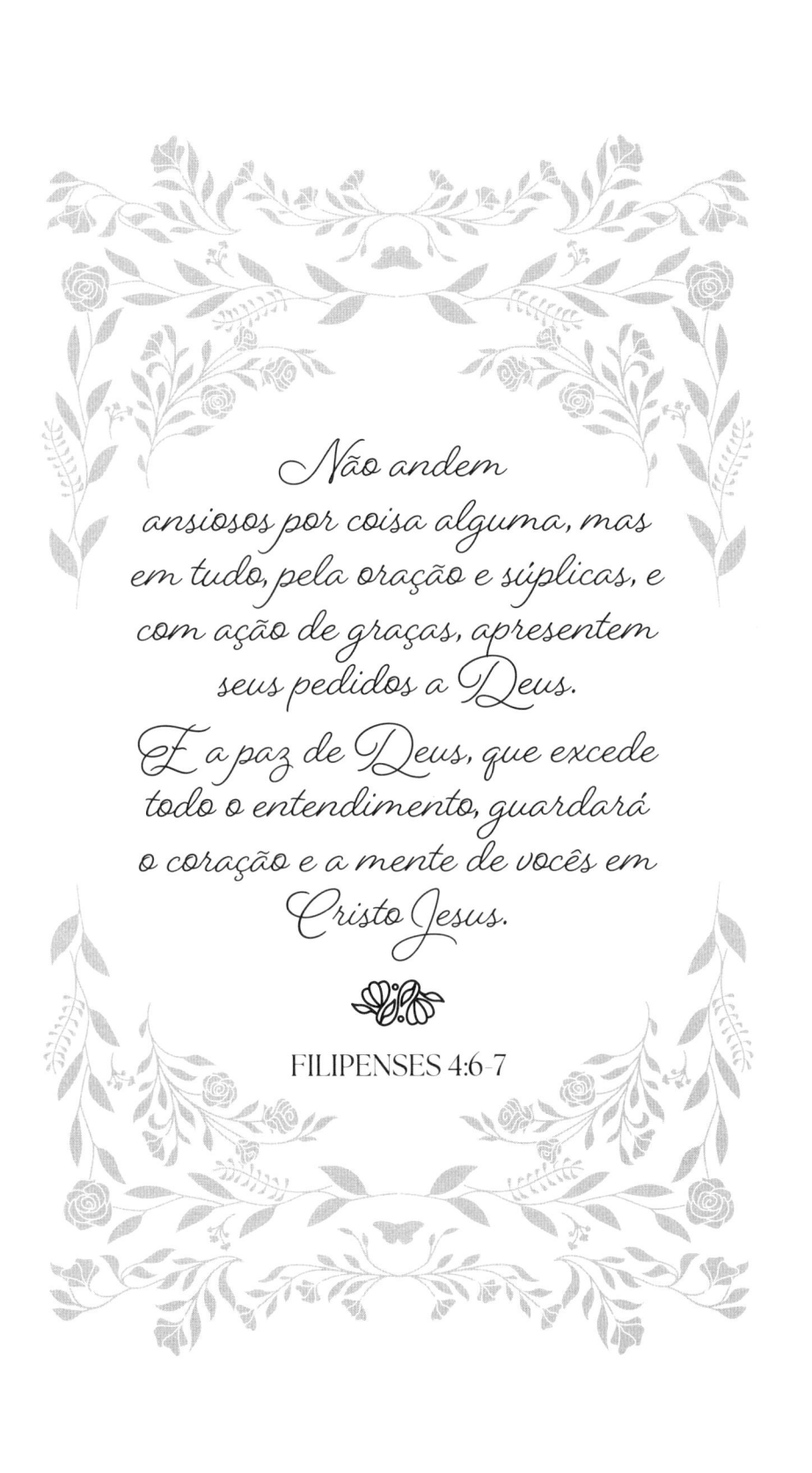

Não andem ansiosos por coisa alguma, mas em tudo, pela oração e súplicas, e com ação de graças, apresentem seus pedidos a Deus. E a paz de Deus, que excede todo o entendimento, guardará o coração e a mente de vocês em Cristo Jesus.

FILIPENSES 4:6-7

Agosto

1 Agosto

20

20

20

ns
2 Agosto

20 _____

20 _____

20 _____

3 Agosto

20 _____

....
....
....
....
....
....
....
....

20 _____

....
....
....
....
....
....
....
....

20 _____

....
....
....
....
....
....
....
....

4 Agosto

20

5 Agosto

20 ____

20 ____

20 ____

6 Agosto

20 _____

20 _____

20 _____

7 Agosto

20 _____

20 _____

20 _____

… 20 _____ .

… 20 _____ .

… 20 _____ .

8 Agosto

9 Agosto

20 _____

20 _____

20 _____

10 Agosto

20 _____

20 _____

20 _____

11
Agosto

20 _____

20 _____

20 _____

12 Agosto

20 _____

13 Agosto

20 _____

20 _____

20 _____

14 Agosto

20 ____

20 ____

20 ____

15 Agosto

20 _____

20 _____

20 _____

16 Agosto

20 _____

....
....
....
....
....
....
....
....

20 _____

....
....
....
....
....
....
....
....

20 _____

....
....
....
....
....
....
....
....

17 Agosto

20 _____

20 _____

20 _____

18 Agosto

20 _____

19 Agosto

20 _____

....
....
....
....
....
....
....
....

20 _____

....
....
....
....
....
....
....
....

20 _____

....
....
....
....
....
....
....
....

20 Agosto

20 _____

21 Agosto

20 _____

20 _____

20 _____

22 Agosto

20 _____

23 Agosto

20 _____

20 _____

20 _____

24 Agosto

20 _____

25 Agosto

20 _____

20 _____

20 _____

26 Agosto

20 _____

20 _____

20 _____

27 Agosto

20 _____

20 _____

20 _____

28 Agosto

20 _____

20 _____

20 _____

29 Agosto

20 ____

30 Agosto

20

20

20

31 Agosto

20 _____

Peçam, e lhes será dado; busquem, e encontrarão; batam, e a porta lhes será aberta. Pois todo o que pede, recebe; o que busca, encontra; e àquele que bate, a porta será aberta.

MATEUS 7:7-8

Setembro

ately
1 Setembro

20

20

20

2 Setembro

20 _____

....
....
....
....
....
....
....

20 _____

....
....
....
....
....
....
....

20 _____

....
....
....
....
....
....
....

3 Setembro

20 _____

20 _____

20 _____

ized
4 Setembro

20 _____

20 _____

20 _____

5
Setembro

20 _____

....
....
....
....
....
....
....

20 _____

....
....
....
....
....
....
....

20 _____

....
....
....
....
....
....
....

6 Setembro

20 _____

… 7 Setembro

20 _____

20 _____

20 _____

8 Setembro

20 _____

....
....
....
....
....
....
....
....

20 _____

....
....
....
....
....
....
....
....

20 _____

....
....
....
....
....
....
....
....

9 Setembro

20 _____

20 _____

20 _____

10 Setembro

20 _____

11 Setembro

20 _____

20 _____

20 _____

12 Setembro

20 _____

....
....
....
....
....
....
....

20 _____

....
....
....
....
....
....
....

20 _____

....
....
....
....
....
....
....

//13
Setembro

20 _____

....
....
....
....
....
....
....

20 _____

....
....
....
....
....
....
....

20 _____

....
....
....
....
....
....
....

14 Setembro

20 ____

20 ____

20 ____

15 Setembro

20 _____

....
....
....
....
....
....
....

20 _____

....
....
....
....
....
....
....

20 _____

....
....
....
....
....
....
....

16 Setembro

20 _____

....
....
....
....
....
....
....
....

20 _____

....
....
....
....
....
....
....
....

20 _____

....
....
....
....
....
....
....
....

17 Setembro

20 _____

20 _____

20 _____

ps
18 Setembro

20 _____

....
....
....
....
....
....
....
....

20 _____

....
....
....
....
....
....
....
....

20 _____

....
....
....
....
....
....
....
....

19 Setembro

20 _____

20 _____

20 _____

20 Setembro

20 _____

20 _____

20 _____

21 Setembro

20 ____

20 ____

20 ____

22 Setembro

20 _____

....
....
....
....
....
....
....

20 _____

....
....
....
....
....
....
....

20 _____

....
....
....
....
....
....
....

23 Setembro

20 _____

....
....
....
....
....
....
....

20 _____

....
....
....
....
....
....
....

20 _____

....
....
....
....
....
....
....

24 Setembro

20

20

20

25
Setembro

20 _____

20 _____

20 _____

26 Setembro

20 _____

....
....
....
....
....
....
....
....

20 _____

....
....
....
....
....
....
....
....

20 _____

....
....
....
....
....
....
....
....

27 Setembro

20 _____

20 _____

20 _____

28 Setembro

20 ____

………………………………………………………………………………
………………………………………………………………………………
………………………………………………………………………………
………………………………………………………………………………
………………………………………………………………………………
………………………………………………………………………………
………………………………………………………………………………
………………………………………………………………………………

20 ____

………………………………………………………………………………
………………………………………………………………………………
………………………………………………………………………………
………………………………………………………………………………
………………………………………………………………………………
………………………………………………………………………………
………………………………………………………………………………
………………………………………………………………………………

20 ____

………………………………………………………………………………
………………………………………………………………………………
………………………………………………………………………………
………………………………………………………………………………
………………………………………………………………………………
………………………………………………………………………………
………………………………………………………………………………
………………………………………………………………………………

29 Setembro

20 _____

30 Setembro

20 _____

....
....
....
....
....
....
....
....

20 _____

....
....
....
....
....
....
....
....

20 _____

....
....
....
....
....
....
....
....

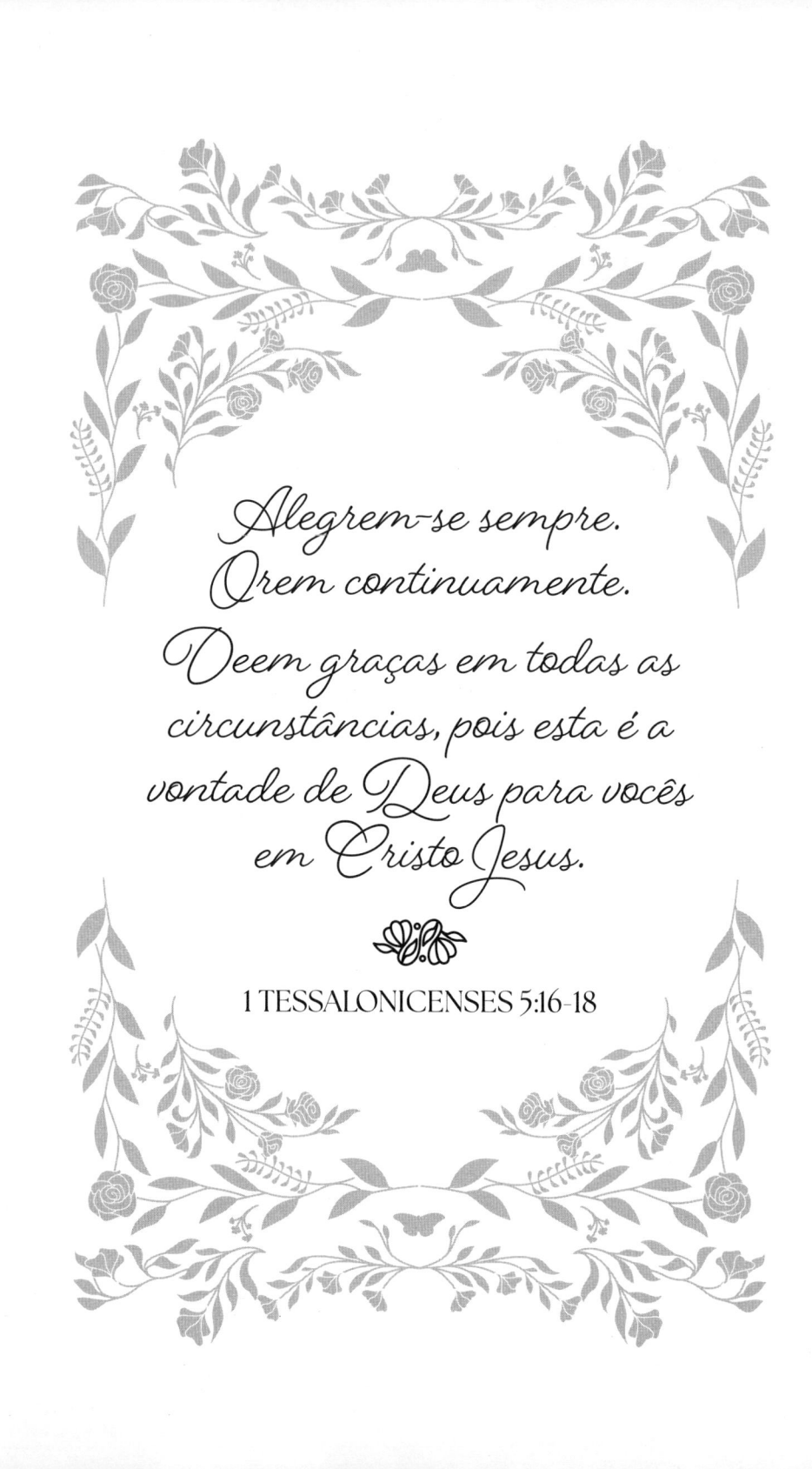

*Alegrem-se sempre.
Orem continuamente.
Deem graças em todas as circunstâncias, pois esta é a vontade de Deus para vocês em Cristo Jesus.*

1 TESSALONICENSES 5:16-18

Outubro

ns
1
Outubro

20 _____

....
....
....
....
....
....
....
....

20 _____

....
....
....
....
....
....
....
....

20 _____

....
....
....
....
....
....
....
....

2 Outubro

20 ____

....
....
....
....
....
....
....
....

20 ____

....
....
....
....
....
....
....
....

20 ____

....
....
....
....
....
....
....
....

3 Outubro

20 _____

....
....
....
....
....
....
....
....

20 _____

....
....
....
....
....
....
....
....

20 _____

....
....
....
....
....
....
....
....

4 Outubro

20 _____

....
....
....
....
....
....
....
....

20 _____

....
....
....
....
....
....
....
....

20 _____

....
....
....
....
....
....
....
....

5
Outubro

20 _____

20 _____

20 _____

6
Outubro

20 _____

....
....
....
....
....
....
....

20 _____

....
....
....
....
....
....
....

20 _____

....
....
....
....
....
....
....

7 Outubro

20 _____

....
....
....
....
....
....
....
....

20 _____

....
....
....
....
....
....
....
....

20 _____

....
....
....
....
....
....
....
....

8 Outubro

20 _____

....
....
....
....
....
....
....

20 _____

....
....
....
....
....
....
....

20 _____

....
....
....
....
....
....
....

9
Outubro

20 _____

....
....
....
....
....
....
....

20 _____

....
....
....
....
....
....
....

20 _____

....
....
....
....
....
....
....

10 Outubro

20 _____

....
....
....
....
....
....
....
....

20 _____

....
....
....
....
....
....
....
....

20 _____

....
....
....
....
....
....
....
....

11
Outubro

20 _____

20 _____

20 _____

12 Outubro

20 _____

....
....
....
....
....
....
....

20 _____

....
....
....
....
....
....
....

20 _____

....
....
....
....
....
....
....

13 Outubro

20 _____

20 _____

20 _____

14 Outubro

20 _____

....
....
....
....
....
....
....
....

20 _____

....
....
....
....
....
....
....
....

20 _____

....
....
....
....
....
....
....
....

15 Outubro

20 _____

....
....
....
....
....
....
....
....

20 _____

....
....
....
....
....
....
....
....

20 _____

....
....
....
....
....
....
....
....

16 Outubro

20 _____

....
....
....
....
....
....
....
....

20 _____

....
....
....
....
....
....
....
....

20 _____

....
....
....
....
....
....
....
....

17 Outubro

20 _____

....
....
....
....
....
....
....
....

20 _____

....
....
....
....
....
....
....
....

20 _____

....
....
....
....
....
....
....
....

18 Outubro

20 _____

....
....
....
....
....
....
....
....

20 _____

....
....
....
....
....
....
....
....

20 _____

....
....
....
....
....
....
....
....

19 Outubro

20 _____

20 Outubro

20 _____

....
....
....
....
....
....
....

20 _____

....
....
....
....
....
....
....

20 _____

....
....
....
....
....
....
....

21 Outubro

20 _____

....
....
....
....
....
....
....
....

20 _____

....
....
....
....
....
....
....
....

20 _____

....
....
....
....
....
....
....
....

22
Outubro

20 _____

....
....
....
....
....
....
....

20 _____

....
....
....
....
....
....
....

20 _____

....
....
....
....
....
....
....

23 Outubro

20 _____

....
....
....
....
....
....
....

20 _____

....
....
....
....
....
....
....

20 _____

....
....
....
....
....
....
....

24 Outubro

20 _____

....
....
....
....
....
....
....
....

20 _____

....
....
....
....
....
....
....
....

20 _____

....
....
....
....
....
....
....
....

25 Outubro

20 _____

....
....
....
....
....
....
....

20 _____

....
....
....
....
....
....
....

20 _____

....
....
....
....
....
....
....

26 Outubro

20 _____

....
....
....
....
....
....
....
....

20 _____

....
....
....
....
....
....
....
....

20 _____

....
....
....
....
....
....
....
....

27 Outubro

20 _____

....
....
....
....
....
....
....
....

20 _____

....
....
....
....
....
....
....
....

20 _____

....
....
....
....
....
....
....
....

28 Outubro

20 _____

....
....
....
....
....
....
....
....

20 _____

....
....
....
....
....
....
....
....

20 _____

....
....
....
....
....
....
....
....

29
Outubro

20 _____

20 _____

20 _____

30 Outubro

20 _____

....
....
....
....
....
....
....
....

20 _____

....
....
....
....
....
....
....
....

20 _____

....
....
....
....
....
....
....
....

31 Outubro

20 _____

20 _____

20 _____

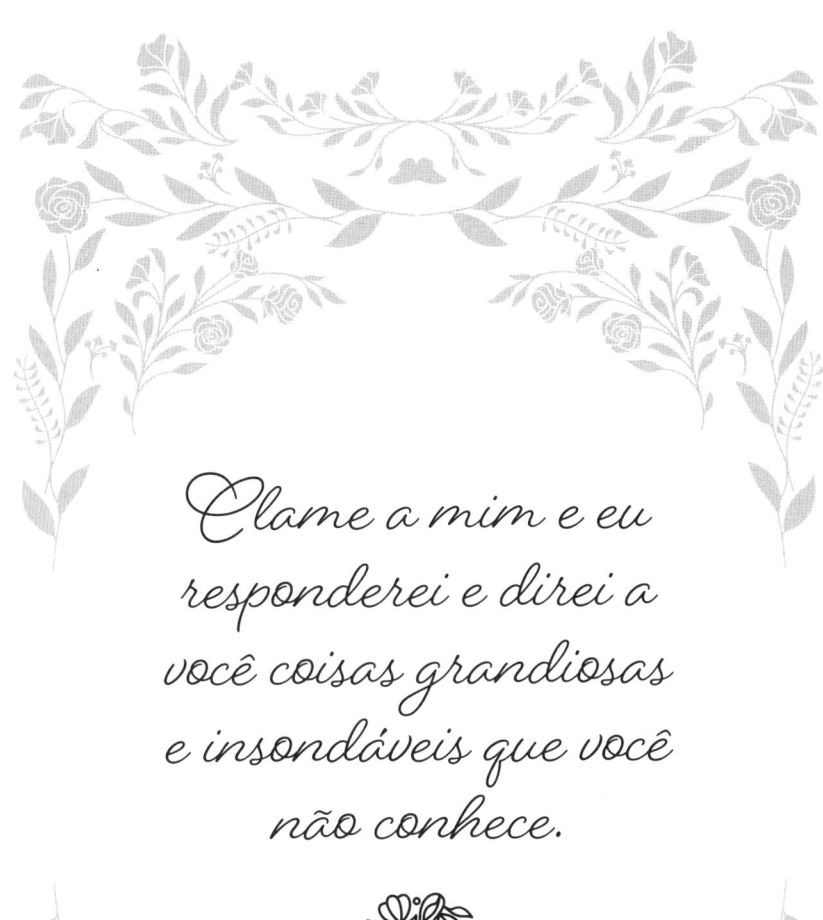

Clame a mim e eu responderei e direi a você coisas grandiosas e insondáveis que você não conhece.

JEREMIAS 33:3

Novembro

1 Novembro

20

2 Novembro

20 ____

20 ____

20 ____

3 Novembro

20 _____

20 _____

20 _____

4
Novembro

20 _____

5
Novembro

20 _____

20 _____

20 _____

6
Novembro

20 _____

....
....
....
....
....
....
....
....

20 _____

....
....
....
....
....
....
....
....

20 _____

....
....
....
....
....
....
....
....

7 Novembro

20

20

20

8 Novembro

20 ____

20 ____

20 ____

9 Novembro

20 _____

....
....
....
....
....
....
....
....
....

20 _____

....
....
....
....
....
....
....
....
....

20 _____

....
....
....
....
....
....
....
....
....

10 Novembro

20 _____

20 _____

20 _____

11 Novembro

20 _____

20 _____

20 _____

12 Novembro

20 _____

13 Novembro

20 _____

....
....
....
....
....
....
....
....

20 _____

....
....
....
....
....
....
....
....

20 _____

....
....
....
....
....
....
....
....

14 Novembro

20 _____

20 _____

20 _____

15 Novembro

20 _____

20 _____

20 _____

16 Novembro

20 ____

17 Novembro

20 _____

20 _____

20 _____

18 Novembro

20 _____

20 _____

20 _____

19 Novembro

20 _____

20 _____

20 _____

20 Novembro

20 _____

20 _____

20 _____

21 Novembro

20 _____

....
....
....
....
....
....
....
....

20 _____

....
....
....
....
....
....
....
....

20 _____

....
....
....
....
....
....
....
....

22 Novembro

20 _____

20 _____

20 _____

23 Novembro

20

24 Novembro

20 _____

20 _____

20 _____

25 Novembro

20 _____

....
....
....
....
....
....
....
....
....

20 _____

....
....
....
....
....
....
....
....
....

20 _____

....
....
....
....
....
....
....
....
....

26 Novembro

20 _____

27 Novembro

20 _____

....
....
....
....
....
....
....
....
....

20 _____

....
....
....
....
....
....
....
....
....

20 _____

....
....
....
....
....
....
....
....
....

28 Novembro

20 ____

29 Novembro

20 ____

20 ____

20 ____

30 Novembro

20 _____

20 _____

20 _____

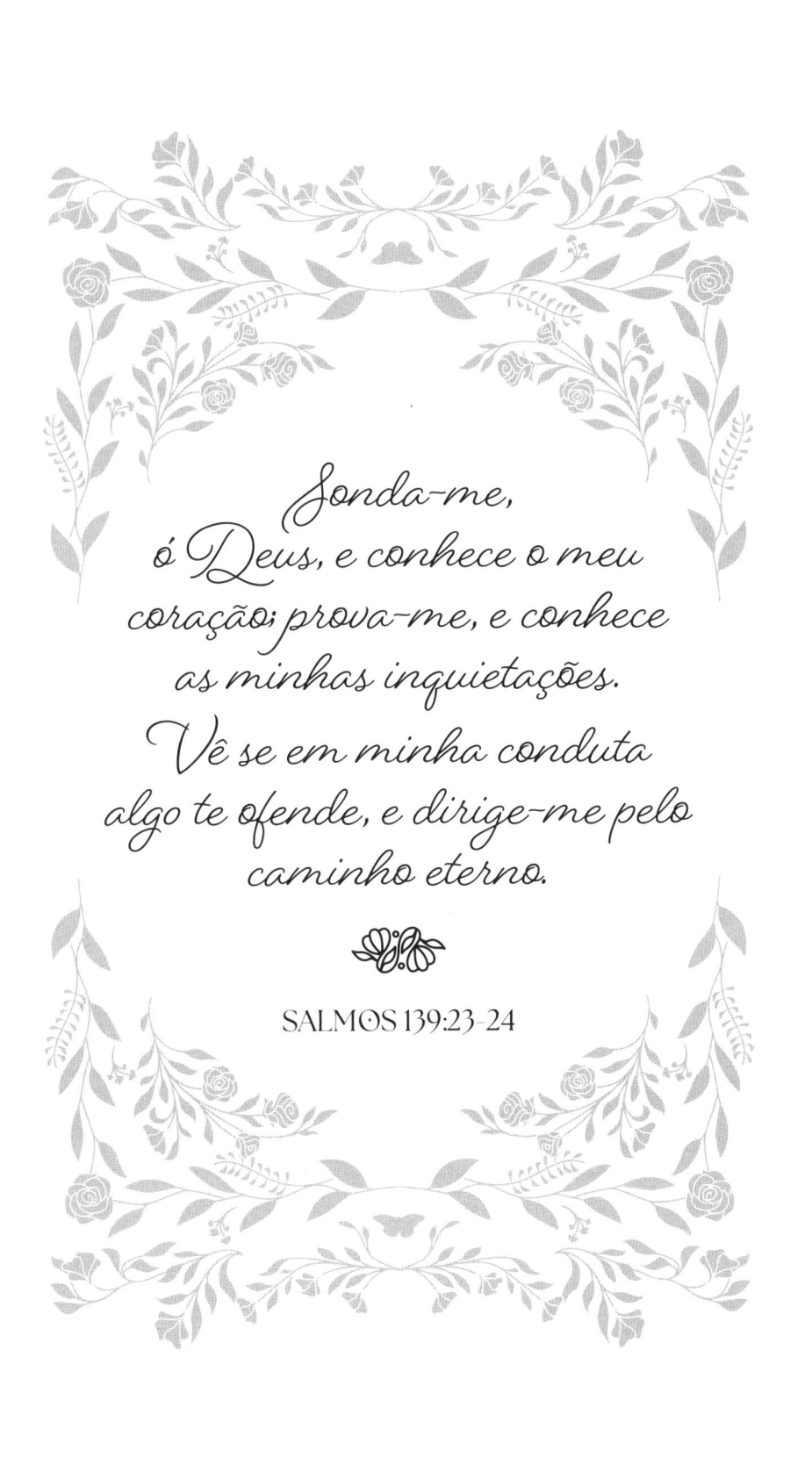

Sonda-me, ó Deus, e conhece o meu coração; prova-me, e conhece as minhas inquietações. Vê se em minha conduta algo te ofende, e dirige-me pelo caminho eterno.

SALMOS 139:23-24

Dezembro

1
Dezembro

20 _____

....
....
....
....
....
....
....
....

20 _____

....
....
....
....
....
....
....
....

20 _____

....
....
....
....
....
....
....
....

2 Dezembro

20 _____

....
....
....
....
....
....
....
....

20 _____

....
....
....
....
....
....
....
....

20 _____

....
....
....
....
....
....
....
....

3
Dezembro

20 ____

20 ____

20 ____

4
Dezembro

20 _____

....
....
....
....
....
....
....
....

20 _____

....
....
....
....
....
....
....
....

20 _____

....
....
....
....
....
....
....
....

5
Dezembro

20 _____

....
....
....
....
....
....
....
....

20 _____

....
....
....
....
....
....
....
....

20 _____

....
....
....
....
....
....
....
....

6
Dezembro

20 _____

20 _____

20 _____

ical
7
Dezembro

20 _____

....
....
....
....
....
....
....
....

20 _____

....
....
....
....
....
....
....
....

20 _____

....
....
....
....
....
....
....
....

8 Dezembro

20 _____

9
Dezembro

20

10 Dezembro

20 ____

....
....
....
....
....
....
....

20 ____

....
....
....
....
....
....
....

20 ____

....
....
....
....
....
....
....

11
Dezembro

20 _____

....
....
....
....
....
....
....
....

20 _____

....
....
....
....
....
....
....
....

20 _____

....
....
....
....
....
....
....

12
Dezembro

20 _____

....
....
....
....
....
....
....

20 _____

....
....
....
....
....
....
....

20 _____

....
....
....
....
....
....
....

13
Dezembro

20 _____

....
....
....
....
....
....
....
....

20 _____

....
....
....
....
....
....
....
....

20 _____

....
....
....
....
....
....
....

14
Dezembro

20 ____

....
....
....
....
....
....
....
....

20 ____

....
....
....
....
....
....
....
....

20 ____

....
....
....
....
....
....
....
....

15 Dezembro

20 _____

....
....
....
....
....
....
....
....

20 _____

....
....
....
....
....
....
....
....

20 _____

....
....
....
....
....
....
....
....

16
Dezembro

20 _____

20 _____

20 _____

17 Dezembro

20 ____

18 Dezembro

20 _____

....
....
....
....
....
....
....
....

20 _____

....
....
....
....
....
....
....
....

20 _____

....
....
....
....
....
....
....
....

19 Dezembro

20 _____

....
....
....
....
....
....
....

20 _____

....
....
....
....
....
....
....

20 _____

....
....
....
....
....
....
....

20 Dezembro

20 _____

21 Dezembro

20 ____

....
....
....
....
....
....
....
....

20 ____

....
....
....
....
....
....
....
....

20 ____

....
....
....
....
....
....
....
....

22
Dezembro

20 _____

20 _____

20 _____

23 Dezembro

20 _____

....
....
....
....
....
....
....

20 _____

....
....
....
....
....
....
....

20 _____

....
....
....
....
....
....
....

24
Dezembro

20 _____

20 _____

20 _____

25 Dezembro

20 _____

20 _____

20 _____

26
Dezembro

20 _____

....
....
....
....
....
....
....
....

20 _____

....
....
....
....
....
....
....
....

20 _____

....
....
....
....
....
....
....
....

27 Dezembro

20 _____

....
....
....
....
....
....
....
....

20 _____

....
....
....
....
....
....
....
....

20 _____

....
....
....
....
....
....
....
....

28
Dezembro

20 _____

20 _____

20 _____

29 Dezembro

20 _____

....
....
....
....
....
....
....
....

20 _____

....
....
....
....
....
....
....
....

20 _____

....
....
....
....
....
....
....
....

30 Dezembro

20 _____

....
....
....
....
....
....
....

20 _____

....
....
....
....
....
....
....

20 _____

....
....
....
....
....
....
....

31 Dezembro

20 _____

....
....
....
....
....
....
....
....

20 _____

....
....
....
....
....
....
....
....

20 _____

....
....
....
....
....
....
....
....

20 _____

Memory Board

ORAÇÃO RESPONDIDA ESSE ANO

....
....
....
....
....
....

UMA FOTO DO ANO

PESSOAS IMPORTANTES QUE MARCARAM MEU ANO

- ....
- ....
- ....
- ....
- ....
- ....

VERSÍCULO QUE ME ACOMPANHOU

....
....
....
....
....

UMA LEMBRANÇA ESPECIAL

- ....
- ....
- ....
- ....
- ....

SOU GRATA POR...

- ....
- ....
- ....
- ....
- ....

20 _____

Memory Board

ORAÇÃO RESPONDIDA ESSE ANO

....
....
....
....
....
....

UMA FOTO DO ANO

PESSOAS IMPORTANTES QUE MARCARAM MEU ANO

- ....
- ....
- ....
- ....
- ....
- ....

VERSÍCULO QUE ME ACOMPANHOU

....
....
....
....
....
....

UMA LEMBRANÇA ESPECIAL

- ....
- ....
- ....
- ....
- ....
- ....

SOU GRATA POR...

- ....
- ....
- ....
- ....
- ....
- ....

Memory Board

20 _____

ORAÇÃO RESPONDIDA ESSE ANO

....
....
....
....
....
....

UMA FOTO DO ANO

PESSOAS IMPORTANTES QUE MARCARAM MEU ANO

- ....
- ....
- ....
- ....
- ....
- ....

VERSÍCULO QUE ME ACOMPANHOU

....
....
....
....
....

UMA LEMBRANÇA ESPECIAL

- ....
- ....
- ....
- ....
- ....
- ....

SOU GRATA POR...

- ....
- ....
- ....
- ....
- ....

20 _____

Memory Board

ORAÇÃO RESPONDIDA ESSE ANO

....
....
....
....
....
....

UMA FOTO DO ANO

PESSOAS IMPORTANTES QUE MARCARAM MEU ANO

- ....
- ....
- ....
- ....
- ....
- ....

VERSÍCULO QUE ME ACOMPANHOU

....
....
....
....
....
....

UMA LEMBRANÇA ESPECIAL

- ....
- ....
- ....
- ....
- ....
- ....

SOU GRATA POR...

- ....
- ....
- ....
- ....
- ....
- ....

Oração Final

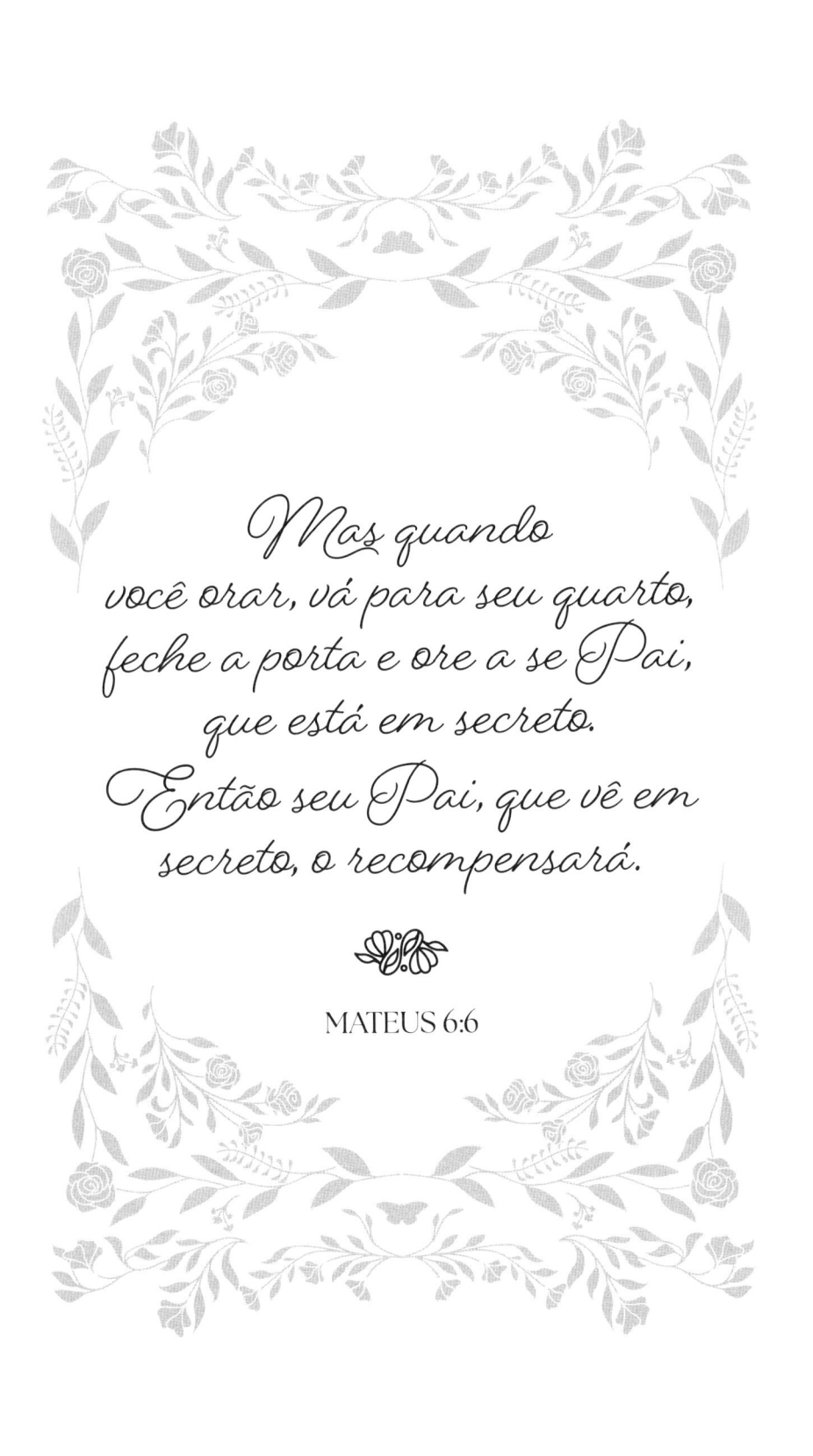

Mas quando você orar, vá para seu quarto, feche a porta e ore a se Pai, que está em secreto. Então seu Pai, que vê em secreto, o recompensará.

MATEUS 6:6